Julia Boehme

Gespenstergeschichten

Illustrationen von Julia Ginsbach

Der Umwelt zuliebe ist dieses Buch
auf chlorfrei gebleichtem Papier gedruckt.

ISBN 3-7855-3556-2 – 2. Auflage 2001
© 2001 Loewe Verlag GmbH, Bindlach
Umschlagillustration: Julia Ginsbach
Reihengestaltung: Angelika Stubner

www.loewe-verlag.de

Inhalt

Ach du Schreck!

Plötzlich wacht Kati auf.

War da was?

Und ob!

Da schwebt ja ein Gespenst!

Kati zieht vor Schreck

ihre Bettdecke bis ans Kinn.

Grinsend breitet das Gespenst seine
grässlichen Arme aus!
„Buuuuuuaaaah!",
schreit es.
Doch mitten im gruseligen
Gespensterschrei macht es: „Hicks!"
Und wieder:
„Hicks, hi-hi-hicks!"
Das Gespenst hat
einen Schluckauf bekommen.

Kati prustet los.

Sie lacht so sehr,

dass das ganze Bett wackelt.

„Hicks!",

macht das Gespenst.

Es klingt ganz unglücklich.

Es gibt nämlich

nichts Schlimmeres

für Gespenster,

als ausgelacht zu werden!

Kati bekommt Mitleid.

„Ich kenne ein prima Mittel

gegen Schluckauf",

sagt sie freundlich.

„Mach mal die Augen zu!"

Das Gespenst kneift seine Augen

fest zusammen.

In Katis Bett raschelt es.

„Buuuuhhhaaaa!",

grölt eine grausige Stimme.

Erschrocken reißt das Gespenst
seine Augen auf.
Da spukt ja
ein fremder Geist,
schneeweiß und schrecklich!

Blitzschnell ist das Gespenst unter
dem Bett verschwunden.
„Hast du noch Schluckauf?",
fragt Kati
und guckt lachend
unter ihrem Laken hervor.

14

Das Gespenst strahlt
und schüttelt seinen Kopf.
Der Hicks ist ratzekahl weg!
„Erschrecken",
sagt Kati und schmunzelt,
„hilft bei Schluckauf
eben am allerbesten!"

In der Geisterbahn

Bruno, das Gruselgespenst,

spukt mal hier, mal da.

Früher war das anders.

Da hat Bruno jede Nacht

in einem Spukschloss gespukt.

Aber das Schloss

steht schon lange nicht mehr.

Schon seit über 200 Jahren.

Seitdem zieht Bruno umher.
Letzte Nacht ist er
wieder einmal durch eine
Hintertür geschlüpft.
Dort hat er sich im Dunkeln
zum Schlafen eingerollt.

Doch plötzlich wird er wach.
Seine Lieblingsmusik
hat ihn aufgeweckt:
Schreie, Stöhnen, Jammern
und Zähneklappern ertönen.

„Das gibt's doch nicht!"
Bruno reibt sich die Augen:
In kleinen Waggons
fahren Menschen herum
und werden
von müden Gespenstern erschreckt.
„Ich helfe euch, Freunde!",
ruft Bruno den Geistern zu.

Aber die antworten nicht.

Kein Wunder:

Sie sind nur aus Pappmaschee!

Und Papp-Gespenster

spuken schlecht.

„Zeit, dass ich komme!",

denkt Bruno

und fliegt los.

Er kreischt den Menschen
überraschend ins Ohr.
Oder er bläst ihnen frech
Spinnweben ins Gesicht.

Dann jongliert er
mit seinem Kopf
und lacht schaurig dabei!
Die Menschen, alt und jung,
bekommen eine Gänsehaut ...

Sie kreischen und zittern –
und sind begeistert:
So gruselig war es noch nie!
Und Bruno will bleiben.
Unbedingt und gespensterewig!
Denn hier in der Geisterbahn
ist Spuken am allerschönsten!

Das Schulgespenst

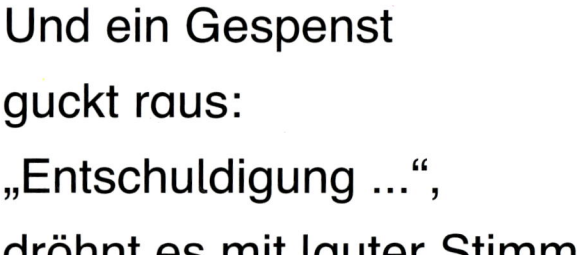

Mitten im Unterricht
öffnet sich plötzlich
knarzend die Tür
vom Klassenschrank.
Und ein Gespenst
guckt raus:
„Entschuldigung ...",
dröhnt es mit lauter Stimme.

Aber bevor das Gespenst
weitersprechen kann,
ist das Klassenzimmer
schon wie leer gefegt.
Das Gespenst seufzt.

Traurig setzt es sich
an einen der Tische.
Warum rennen nur alle
vor ihm davon?

Es will doch bloß
mit ihnen zur Schule gehen!
Das Gespenst schluchzt
und weint zum Steinerweichen.

Es ist bloß keiner da,
der es hört.
Oder doch?
Florian ist noch da.

Er hat sich vor Schreck
unter dem Pult verkrochen.
Als er den Geist heulen hört,
lugt er über die Tischkante.

„Warum weinst du denn?",
fragt Florian vorsichtig.
„Ich will zur Schule gehen",
schnieft das Gespenst.
„Aber alle haben immer
solche Angst vor mir!"
Überrascht fragt es Florian:
„Hast du etwa keine Angst?"

26

„Jetzt nicht mehr!",
sagt Florian und lacht.
„Ehrlich?"
Das Gespenst schnäuzt selig in sein
Gespenstergewand.

Florian holt die Lehrerin.

Sie spricht mit dem Gespenst.

Dann ruft sie alle Kinder

wieder ins Klassenzimmer.

„Wir haben einen netten neuen

Schüler bekommen!",

verkündet sie.

„Hallo!",

ruft das Gespenst fröhlich.

Es sitzt ganz stolz neben Florian.

Und diesmal läuft keiner weg!

Waschmaschinen-Karussell

Heute hat das kleine Gespenst
einen besonders gemütlichen
Schlafplatz gefunden:
in der Wäschetruhe!
Nun schläft es selig
auf weichen Handtüchern
und alten Socken.

Doch mitten
im schönsten Gespenstertraum
geht die Truhe auf!
„Unerhört",
denkt das Gespenst
und blinzelt.
„Wer weckt mich mitten am Tag?"

Es ist Frau Wachter,
die Wäsche waschen will.
Achtlos stopft sie
das kleine Gespenst
mit in die Waschmaschine.

Sie hält es nämlich für ein ganz
gewöhnliches Bettlaken!
„Dann schlafe ich eben hier",
denkt das Gespenst
und rollt sich zusammen.

Doch mit einem Mal

gibt es

ein furchtbares Getöse.

Wasser spritzt herein.

Die Wäschetrommel

setzt sich in Gang.

Und das Gespenst wird

wild im Kreis herumgewirbelt.

„Hilfe!", schreit es zuerst.

Doch dann macht es ihm Spaß ...

„Schneller!",

ruft es übermütig.

„Los!"

Und wirklich,

die Trommel dreht sich

immer schneller.

Huiiii, macht das Spaß!

Viel zu rasch ist die
Karussellfahrt zu Ende.
Bevor Frau Wachter
es an die Leine hängt,
kann das Gespenst entwischen.
Feucht und blitzsauber schläft es
noch bis Mitternacht.

Zur Geisterstunde
fährt es seitdem heimlich
Waschmaschinen-Karussell.
Im allerschnellsten
Schleudergang!

34

Die Gespensterenkel

„Als ich in eurem Alter war",
sagt Opa Gespenst,
„habe ich die mutigsten Ritter
erschreckt.
Feuer speiende Drachen
habe ich so lange gekitzelt,
bis sie vor Lachen
ganz heiser waren."

„Ja, ja!",
seufzt Opa .
„Damals haben wir eben
viel mehr
auf die Beine gestellt!"
„Wir Gespenster
haben doch gar keine Beine!",
lacht Lotta.

Und Melchior sagt zu Opa:
„Was du kannst,
können wir schon lange!"
Gespensterenkel sind eben ganz
schön frech.

„Da bin ich mal gespannt!",
sagt Opa.
„Wir treffen uns
nach der Geisterstunde!"

Klarer Fall:

Heute Nacht

müssen Melchior und Lotta

etwas ganz Besonderes machen.

Doch nach der Geisterstunde

kommen sie kleinlaut zu Opa.

„Gegen deine Drachen
und Ritter kommen wir
leider nicht an.
Wir haben nur
Polizisten erschreckt
und im Zoo
zwei Krokodile gekitzelt."

Opa wird ein bisschen rot.
„Ich habe ein klein wenig
angegeben!",
gibt er kleinlaut zu.
„Ich habe keine Drachen,
sondern nur Hasen erschreckt."
Melchior strahlt.

„Du bleibst trotzdem
unser Vorbild",
tröstet Lotta ihren Opa.
„Denn wenn ich mal
in deinem Alter bin,
will ich auch
so gut flunkern können wie du!"

Lenas Spuknacht

Kleine Gespenster,
also Gespenster,
die jünger als 300 Jahre sind,
spuken gerne gemeinsam.
In kleinen Gespensterbanden.
Heute ist Lena ihr Opfer.
Ein Gespenst
kitzelt Lena an den Füßen.

Ein anderes zieht ihr
das Kopfkissen weg.
Ein drittes
pustet ihr ins Ohr.

Lena hat tief geschlafen,
trotzdem ist sie gleich wach.
„Buuuuhuuuuh!",
grölen die Gespenster.

„Buuuuhuuuuh!",
grölt Lena zurück.
Die Gespenster sind baff.
„Hast du denn
gar keine Angst vor uns?",
fragen sie Lena.
„Ach, Quatsch! ",
antwortet Lena unerschrocken.

44

„Ich will doch
selbst ein Gespenst sein,
genau wie ihr!"
„Das nimmt dir
doch keiner ab!",
lachen die Gespenster.
„Oder willst du Flöhe
erschrecken?"

Lena springt aus dem Bett:
„Nehmt mich doch mit,
dann zeig ich's euch!"
Die Gespenster
überlegen nicht lange.
Sie fassen Lena an den Händen
und fliegen mit ihr
zum Fenster hinaus.

„Buuuuhuhhhh!",
schreien sie alle zusammen.
Lena ist prima:
Sie knallt mit den Türen,
zieht Bettdecken weg,
stöhnt und kreischt schaurig.

Und in ihrem Nachthemd
sieht Lena wirklich aus
wie ein echtes
kleines Gespenst!

Unheimliche Begegnung

Anne, Kai und Ben
spielen Gespenster.
Aus alten Laken
haben sie sich tolle
Gespenstergewänder gemacht.

Jetzt spuken sie
durch Omas alte Villa.
Die Vorhänge sind zugezogen.
Versteht sich!

48

Nacheinander schleichen sie
durch die dunklen Räume
und stöhnen Furcht erregend.
Ben geht als Letzter.
Sein Laken ist viel zu groß.
Er stolpert und fällt hin.
„Wartet auf mich!",
ruft er kläglich.
Aber Kai und Anne sind schon im
nächsten Zimmer.

Hier im Dunkeln

wird es Ben richtig mulmig.

Und plötzlich

hat er das Gefühl,

dass er nicht alleine ist.

„Wer bist *du* denn?",

knarzt eine fremde Stimme.

Ben wirbelt erschrocken herum
und sieht einen Geist –
groß wie ein Schrank!
„Ein Gespenst!",
schreit Ben entsetzt.

„Bist du etwa keins?",
stammelt das Gespenst
auf einmal ganz ängstlich
und zieht Bens Laken weg.

Als es Ben dann sieht,
erschrickt es fürchterlich
und fliegt kreischend davon!

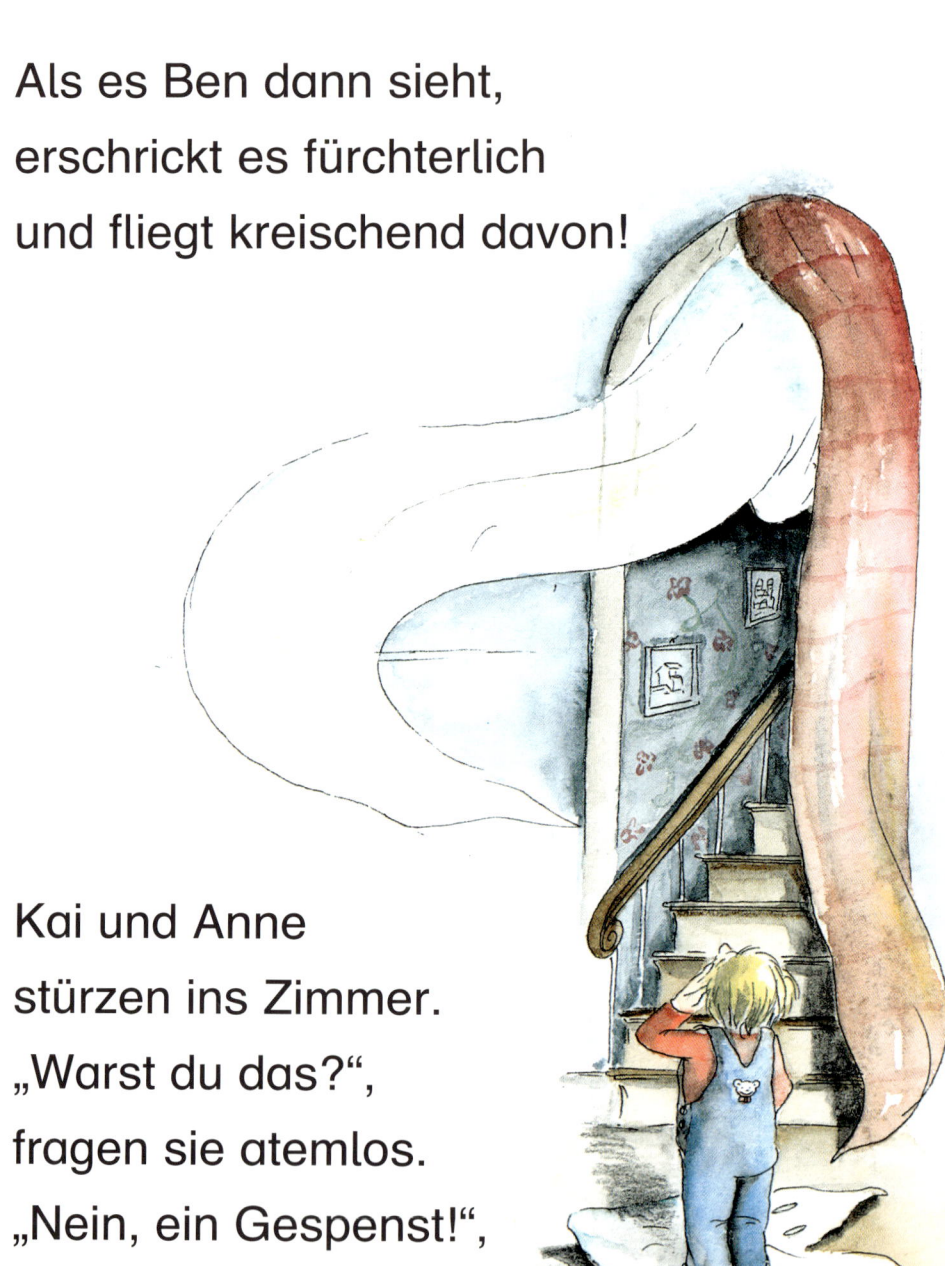

Kai und Anne
stürzen ins Zimmer.
„Warst du das?",
fragen sie atemlos.
„Nein, ein Gespenst!",
stottert Ben leichenblass.

„Ein echtes?"

„Ja, ehrlich!"

Kai und Anne

halten sich die Bäuche

vor Lachen:

„Na, klar doch!"

„Ein echtes Gespenst!"

„Wer's glaubt, wird selig!"

Der unverschämte Flaschengeist

Am Strand hat Tim
eine uralte Flasche gefunden.
Sie ist außen voller Muscheln.
Was da wohl drin ist?

Eine Flaschenpost vielleicht
oder sogar eine Schatzkarte?!
Leider sitzt der Korken fest.
Tim muss nach Hause,
um die Flasche zu öffnen.

Kaum ist der Korken raus,

guckt ein winziger Geist

aus dem Flaschenhals.

Er ist gerade so groß

wie Tims Daumen.

„*Du* hast mich also befreit!",

sagt der Geist.

„Erfüllst du mir jetzt
alle meine Wünsche?",
fragt Tim aufgeregt.
„Wo denkst du hin!",
antwortet der Geist empört.
„*Du* erfüllst mir
alle *meine* Wünsche,
schließlich hast *du* mich
ja auch gefunden!"

Tim ist verdattert:
Im Märchen war das anders!
Als Erstes wünscht sich
der Geist ein schönes Bad.
In einem Suppenteller
schrubbt Tim ihn blitzsauber.

Dann will der Geist
gut essen und trinken.
Danach will er
Tims Teddy haben!

Und später muss Tim ihm
1000 Geschichten erzählen!
Nachts liegt Tim
ganz erschöpft im Bett.

Der Geist schnarcht laut
in seiner Flasche.
Tim überlegt:
„Wenn das immer so weitergeht:
Gar nicht auszudenken!"

Leise steht er auf.

Er schleicht sich zur Flasche

und steckt den Korken hinein.

Morgen wirft Tim die Flasche

wieder ins Meer.

Soll sie doch

ein anderer finden!

Julia Boehme wurde 1966 in Bremen geboren. Sie studierte Literatur- und Musikwissenschaft und arbeitete danach als Redakteurin beim Kinderfernsehen. Eines Tages fiel ihr ein, dass sie als Kind unbedingt Schriftstellerin werden wollte. Wie konnte sie das bloß vergessen? Auf der Stelle beschloss sie, jetzt nur noch zu schreiben. Seitdem lebt sie in Berlin und denkt sich Kinderbücher und Geschichten fürs Fernsehen aus.

Julia Ginsbach wurde 1967 in Darmstadt geboren. Seit sie einen Stift halten kann, gehört Zeichnerei zu ihrem Leben. Nach ihrer Schulzeit studierte sie in Heidelberg Musik, Kunst und Germanistik und schloss ihr Studium am Institut für Jugendbuchforschung in Frankfurt a. M. ab. Heute lebt sie mit ihrem Mann und ihren vier Kindern, jeder Menge Farben, Pinsel, Papier, Büchern und Musik in Blaubeuren.

Lesepiraten

Kleine Geschichten, großer Lesespaß!

Abc-Geschichten — Ulli Schubert

Tiergeschichten — Julia Boehme

Detektivgeschichten — Gerit Kopietz/Jörg Sommer

Indianergeschichten — Udo Richard

Ostergeschichten — Margot Scheffold

Seeräubergeschichten — Eckhard Mieder

Freundschaftsgeschichten — Julia Boehme

Feriengeschichten — Christina Koenig

Lesepiraten-Hexengeschichten, Lesepiraten-Schulgeschichten,
Lesepiraten-Weihnachtsgeschichten, Lesepiraten-Ponygeschichten,
Lesepiraten-Gespenstergeschichten, Lesepiraten-Pferdegeschichten,
Lesepiraten-Geburtstagsgeschichten, Lesepiraten-Adventsgeschichten,
Lesepiraten-Rittergeschichten, Lesepiraten-Geschwistergeschichten,
Lesepiraten-Kuschelgeschichten, Lesepiraten-Fußballgeschichten,
Lesepiraten-Schatzinselgeschichten ...

... für noch mehr Lesepiraten-Spannung!

Loewe